豺狼的微笑
The Smile of a Wolf

2

蔡志忠 著

目錄

序

二十年前，大塊文化才剛成立，《豺狼的微笑》是他們所出版的第一本書，那時他們要我為這本書繪圖並加例註。二十年來《豺狼的微笑》累計銷量已超過十一萬本，算是長銷的暢銷書。

《豺狼的微笑》這本書其實並不是要教導讀者使壞，更不是在推行厚黑學，而是希望通過書中的觀念讓讀者能從中獲得全新的啟發，真正地瞭解真實的自己，並坦然地接受這個自己。

記得當時有一位在《中國時報》的編輯看完這本書之後，忿忿不平地寫了一篇書評：「《豺狼的微笑》的作者是豺狼，而我們花錢買這本書的讀者就是兔子！」

後來我才知道那本書是大塊出版社送給他，請他看完後幫忙寫一篇書評，我猜想他生氣翻臉的主要原因應該是：他發現自己是書中所說的沒能力改變自己的兔子，使他原本安逸自得平靜的心受到強烈衝擊，因而老羞成怒！

這位編輯確實有權利生氣,當他看完這本書後,破壞了原本內心的寧靜,對他實在不公平。一個人沒有義務擁有他不想要的東西,如果自己對現在感到滿意,卻在不知不覺中被改變觀念,變成不同的人,是很不公平的事。

二十年後,大塊希望我就當初對《豺狼的微笑》所做的例註再加延伸,並多分享一些我個人多年來的人生看法。這也就是為什麼會有這本《豺狼的微笑》2的原因。

從《豺狼的微笑》到《豺狼的微笑》2,都是在鼓勵讀者隨時要懂得變通。如果你覺得目前不錯,對自己相當滿意,也沒有想改變自己的意圖,那麼請略過這兩本書並把它們忘記。因為這兩本書的目的,正是想透過改變你的觀念來改變你自己!

如果你想改變觀念,並想看看這本書到底它在說什麼?再決定同意不同

意，那麼請先倒空自己原有的觀念，以沒有主觀立場的方式閱讀才可能有收穫。就像禪宗的故事裏所說的：「裝滿了的杯子，倒不進去新東西。」

當我們空無狀態才能擁「有」，如果我們原本已經有了，再來個不一樣的有，只會造成內心的不平衡，而不是更多。

讀萬卷書、不如行萬里路，
行萬里路、不如閱人無數，
閱人無數、不如高人點渡，
高人點渡、不如自己頓悟！

每個人都有顆能思考的大腦，每個人都有能力改變自己。出版《豺狼的微笑》這兩本書的目的，不只是高人點渡，而是要你自己頓悟！

第一章

狼的基因

The Wo

1 狼的四個特質

從前有一百隻兔子,生活於一片綠油油的草原,每隻兔子高興幾點起床都行,草原豐盛,足夠每隻兔子都吃得很肥。

兔子越繁殖越多,由一百隻變成一千隻,草原卻沒變大,一千隻兔子必須每天清晨五點起床吃草,才能勉強填飽肚子。

後來兔子繁殖為一萬隻,草都被啃光了,縱使一天二十四個小時不睡覺,努力吃草也吃不飽。

有一隻聰明的兔子開始思考：「無論我再怎麼努力也吃不飽，應該怎麼辦？」

這隻會思考的兔子突然改變觀念，靈光乍現，想出一個方法：「或許我應該改變飲食習慣，別再吃草，而改吃兔子。改變攝食對象，便能夠從有九九九九個競爭者，變成有九九九九個可吃的兔子。」

他想通了這一點，便開始吃兔子，從此體型大增、體力變強，於是這隻會思考的兔子就變成專吃兔子的豺狼。

一味努力是沒有用的，而是要想出解決問題的方法。豺狼是由會思考的兔子變成的。

豺狼專門吃兔子，兔子是給豺狼吃的。
是豺狼還是兔子？取決於觀念的改變。

狼是良獸

狼是無惡不作的大壞蛋嗎？

不！狼淘汰不夠水準的兔子，確保兔子不會繁殖過多吃光草原，乃至大家都餓死，狼扮演生態平衡不可或缺的角色。在人的社會裡，情況也是如此。

豺狼是會思考的兔子蛻變的！

比爾‧蓋茲是會思考的哈佛大一學生蛻變的，因為比爾‧蓋茲知道：「及早創辦微軟比哈佛畢業證書重要。」

賈伯斯是通過甄選，沒到大學註冊的大一學生所蛻變的，因為賈伯斯知道：「及早創辦蘋果公司比大學文憑重要。」

努力只比不努力好一點點，當大環境改變時，努力完全發揮不了作用，
而是要思考。

如果你不甘心老是吃虧做別人嘴上肉，你也可以變身成為一隻吃人的
狼。

思考先於行動，就像手腳身體是聽命大腦的指揮而行。但該在什麼時候
思考呢？思考先於一切之前，就像比爾・蓋茲在剛上哈佛大一時決定休
學創辦微軟，就像賈伯斯不去上大學，決定及時創辦蘋果電腦。

狼是遵守紀律的合群動物

鯊魚是海洋食物鏈的最後終結者，
狼是陸地上食物鏈的最後終結者。

狼是群居動物中最有秩序、紀律的族群。一群大約二十隻左右的狼群捕捉到其他動物之後，首先得等首領和母狼吃完，然後再由其他的狼依其在該族群中的地位依序去吃。而不論食物多麼不足，每一隻狼都會斟酌地吃一小部分，以便讓地位最低和殘疾之狼不至於餓肚子。

狼群中的紀律不只是尊敬首領和母狼，排行第十九位的狼，除了尊敬狼首領之外，也十分尊重排行第十八名的狼，同樣的排行二十名的狼也真誠地尊重排行十九名的狼。人們在野地常聽到狼的「嗚嗚」嚎叫，其實牠們是在各處報告自己的位置，並隨時聽候首領的行動指示。

狼是有紀律、速度並深知精確目標的動物，狼也是深懂得與別的狼共處並遵守本分的合群動物。

狼是生態的清道夫

狼維持地球表面的生態平衡，如果沒有狼，老弱病殘的動物會太多，以致形成流行疾病。如果沒有狼，草食動物會繁殖過剩，造成動植物的生態不均衡。

狼是維持社會水準的清道夫，如果沒有狼，各行各業便會充滿不夠職業水準的人，股票投資中會充滿著老弱病殘的投資者，商場中也會充滿一招半式闖江湖的初學者，乃至整個社會水準低落。

因為有了豺狼，才淘汰了所有的不適任角色，誰要想登上各類舞台，必須要有真正的功夫，否則必遭豺狼的吞食淘汰。

因此，豺狼是良獸，是社會中的清道夫。

狼是陸上食物鏈的最高單位

因為狼是一種優秀的動物，牠懂得合作，狼群中的等級非常明確，而且更懂得如何對付老弱病殘等命中註定淘汰的其他動物。

你是狼？還是兔子？
是你自己決定的，人生不是一味地努力、努力、努力，而是要先改變觀念。

2 終點法則

錯誤之所以一再發生，

正因為：「平凡人要做不平凡事。」

一九八七年，我出版漫畫諸子百家系列大受歡迎，有一位廣告片導演的朋友來找我，告訴我說：「我曾畫過幾年電影故事版，漫畫技巧夠水平。我想改行畫漫畫。」

我問他：「你的漫畫內容含有尼古丁、海洛因嗎？」

朋友說：「漫畫跟尼古丁、海洛因有什麼關係？」

我說：「抽煙者買煙是為了尼古丁，吸毒者買毒品是為了海洛因，漫畫諸子百家受歡迎的主要原因是國人想瞭解國學，外國人想知道東方思想，而不是漫畫本身。」

朋友終於懂了：「就像我拍商業廣告片是為了替廠商賣掉商品，而不是努力把廣告片拍得很唯美？」

我說：「是啊！行動是為了達成目的，要先想通目的是什麼，而不是努力行動。」

每個人都很努力，
但一個人努力跟別人有什麼關係？
豺狼不是努力，

而是依計畫行動達成目標。

要達成一個目標，由自我出發的努力是沒有用的，而是要由目標倒回來行動。

想畫漫畫，要先預想憑什麼讀者要看、要買你所出版的漫畫？

商業廣告影片，不是要拍得唯美，而是要替廠商賣掉商品。

行動之前，要先知道終點目標到底是什麼，如何達成目標。

有如參加一百米短跑，要由終點線倒回一百米，從起跑點思考：「如何達成第一個衝過終點線。」

如果自知沒有能力第一個衝過終點，那麼要及早退出起跑點。

搭飛機法則

台灣諺語：「一個人到了四十歲還不怎麼樣，他的一生也不怎麼樣。」

《塔木德》說；「一個人剛開始貧窮一點無所謂，如果到了四十歲還貧窮就不妙了，因為他已經習慣了。」

夏日中午，我們在街頭攔下一位中年機車騎士，問他：「頂著大太陽騎機車上街頭，你在忙什麼？」

騎士回答說：「我忙著努力賺錢養家。」

這位騎士年輕時的夢想，肯定不是到了四十歲還騎著機車在路上為生活奔波。

或許他會諉過於命運：「我很努力，只是世界不依我的期待展現。」

真是這樣嗎？

我們打開門走出去，是因為知道要去哪裡，我們開車上高速公路，是因為知道目的地，人人都會依自己原先的規劃抵達目的地。

生活中我們常要達成小目標，從來沒有不如願的。例如每天幾十萬人搭飛機，九九‧九九%的乘客都能準時搭上班機。

搭中午十二點班機出國，由出發點到機場車程一個小時，我們知道十一點非抵達機場不可，所以十點之前就會坐在車上，發動汽車朝向機場。上高速公路後，一定不會突然興致來潮，決定先到休息站吃個午飯。
然而執行人生的夢想，大部分人都沒有事先評估自己的能力，遲遲沒有展開行動，或於半途隨意改變行程。

平凡人做平凡事，本沒有什麼大錯，但平凡人做平凡事就是兔子。

林肯說：「一個男人過了四十歲就要為自己的相貌負責。」

同樣的：一個人四十歲時還是一隻兔子，他要為自己負責。

豺狼有不一樣的想法，豺狼打從人生一開始便思考自己這輩子要做什麼，不會到四十歲時還在中午頂著大太陽騎機車上街頭，努力賺錢養家活口。

五年倒敘

約翰十九歲時，有一份薪水不錯的工作。雖然他很喜歡音樂，但沒有時間創作音樂，只能利用空閒時間譜曲。

好朋友知道約翰喜歡音樂，朋友問他：「想像一下，五年後你希望達成什麼？」

約翰說：「我希望能有一張自己的唱片，住在一個音樂氣氛濃厚的地方，和第一流樂師人一起工作。」

朋友說：「既然如此，你必須把目標倒過來算。如果第五年要出唱片，那麼第四年一定要和一家唱片公司簽約，第三年你要有一套完整作品，第二年就要錄音，第一年就應該完成歌曲編曲，第一個月要完成一些作品，第一個星期要先列出清單選擇適合的作品。」

約翰說：「然後呢？」

朋友又說：「你希望五年後和第一流音樂人一起工作，第四年就要有自己的錄音室，第三年得跟圈內人一起工作，第二年應該住在音樂重鎮洛

杉磯或紐約。」

約翰覺得朋友說得很對，於是約翰辭掉工作搬到洛杉磯，然後依朋友所建議的進度執行。

五年後，約翰果然出了第一張專輯，唱片開始銷售，他也真的每天和第一流樂師人一起工作。

後來每當約翰困惑時，就會自問：「五年後，我會在做什麼？」

如果你想五年內成家，現在就要開始賺錢買房，銀行裡有足夠的存款。
如果你希望明年春天與某位小姐結婚，現在就要設法認識她，送她鮮花巧克力。

由目標倒轉

人沒有目標，像一般看不到港口，漂流大海的孤船。最有效的行動，要有具體時間和明確的終點線。

我很愛打橋牌，三十幾年來參加很多次橋牌比賽，代表中華台北參加十次亞洲盃，兩次奧運，一次百慕達杯橋牌世界大賽。贏得一二五個橋牌冠亞軍獎杯。

出國參加比賽奪得冠軍盃，只依靠努力是不夠的，整個會場一二十隊參賽隊伍都是國家代表隊，每個人都想奪得冠軍，沒有人不努力。
每個人都很努力，
但一個人努力跟別人有什麼關係？
豺狼不是努力，
而是依計畫行動達成目標。

勇奪冠軍，贏得一二五個獎杯，要像搭飛機一樣，由終點線倒敘回來。

如同結婚迎娶新娘，要先買新床準備新房一樣，出國比賽前，我會先擦乾淨回來要擺冠軍盃的位置，然後拍拍它說：「等著吧，十天後我會回冠軍盃回來。」

出國抵達比賽會場，我會走到頒獎台輕撫擺在上面的冠軍盃，然後悄悄告訴冠軍盃：「乖，十天後我會將你帶回台北。」

然後逆向思考，大腦建構虛擬情境畫面由最後倒敘回來：

最後一場冠亞軍賽：敵方氣急敗壞，你神閒氣定已贏得大把分數，只要小心處理最後垃圾時間就行。

倒數第二場四強賽：你神閒氣定，已經贏得大把分數，馬上進入冠亞軍賽。

倒數第三場，分數在八強裡面。

倒數第四場，成績最少在所有參賽隊伍的中間。

牢牢記住以上這些奪得冠軍的次第過程的畫面，然後像要去機場搭飛機一樣，按照事先虛擬的情境畫面逐步執行，依計畫從第一場打到最後一場。

每逢關鍵時刻，兔子總會怯場表現不出正常水平。豺狼則相反，他自信滿滿，以平常心面對當下，越關鍵時刻表現得越好。豺狼明確自己想幹什麼，然後用行動贏得最後的勝利。

掌握關鍵

動物園管理員發現袋鼠跑到欄外，於是將圍欄加高十公尺。第二天，袋鼠還是跑到欄外，管理員又將圍欄加高到二十公尺，但是袋鼠還是跑到欄外。

小兔子問袋鼠說：「圍欄要加高到多少公尺你才無法跑到欄外？」

袋鼠說：「如果管理員老忘了關圍欄的門，圍欄加高多少公尺都沒有用。」

了解問題的關鍵，才能解決問題。豺狼行動之前，必先了解問題，掌握關鍵。

時代不同

老獅子衰老得無法到外面獵食。
他在洞裡對路過洞口的小白兔說：「小兔子啊！進來洞裡，我送妳好玩的電動玩具。」

小白兔說：「真的嗎？天下怎麼會有這種好事情？」

小白兔進入洞裡看了一看，便對獅子說：「從洞口只進不出的兔子腳印，便知道進入洞裡不會有好事情。」

老獅子堵在洞口說：「哈哈！妳現在才發現真相，已經後悔莫及了。」

小白兔說：「你才應該後悔莫及！」

小白兔立刻拔出左輪手槍，「砰！砰！砰！」三槍斃了老獅子。

今天的小孩可不太一樣，
不像過去的小孩那麼好欺騙。

老獅子是無能變化改變自己的兔子，小白兔則是隨著時代進步，蛻變為狼的兔子。

努力之前要先改變觀念

猶太法典說：「賺錢靠智慧，不是靠文憑。」

接納一個錯誤的觀念，等於是打了一場敗仗；為了復原，需要更多的智慧。

父母師長常常跟我們說：「努力，努力，努力就會有成就。」

其實這只是一句善意謊言！
如果一味努力便會有成就，那麼大多數人豈不是都抵達顛峰了？

努力只比不努力好一點而已，任何人無論作什麼？一開始沒有不努力的啦！為何後來不繼續努力了呢？因為只憑努力沒有得到預期收穫。

人生不是走斜坡，只要持之以恆便能走到顛峰。人生像走階梯，每階有每階的難點，學英文、日文、數學、物理各有不同難點，追女朋友與創業的難點也不一樣。沒有克服難點，再怎麼努力也只在原地跳而已，沒有任何進展。

努力不等於效率，努力之前要先思考，要有方法，才能抵達目的。不是一味地努力、努力、努力，而是要先改變觀念。

孫子兵法說：「勝兵先勝而後求戰，敗兵先戰而後求勝。」

一顆石頭學飛翔，必將墜、落地面；
一顆石頭學潛水，只會沉落水底。

雖然黑猩猩智商很高，但無論牠怎麼努力學習微積分，成就還是很有限。

天空是鳥的天堂，
深淵是魚的樂園。

讓鳥當鳥，讓魚當魚，就是天堂。
讓鳥當魚，讓魚當鳥，就是地獄。

如果鳥不自知自己是鳥，而去學潛水，再怎麼努力都收穫有限。

如果魚不自知自己是魚，而去學飛，無論付出幾輩子，都不會有什麼成果。

飛魚宣稱自己會飛，只能誇耀於魚類，對鳥而言飛魚只是在海面飛躍三公尺，跟飛行天際完全不能相比。

不是一味地努力，而是要真切地明白自己、知道自己的目標、先改變觀念自知抵達目標的方法，這時的努力才能獲得成效，完成終點目標。

駱駝的三個願望

駱駝一生馱物橫度沙漠，天氣熱，身體骯髒常流汗，工作辛苦又吃不飽。他臨死前向神要求說：「神啊！我希望來世不再生為駱駝。」

神對駱駝說：「你希望成為什麼？」

駱駝說：「我希望下輩子每天坐著不動不必工作，身體冰涼潔白不流汗，滿肚子都是食物。」

神允諾了駱駝的三個願望，於是駱駝轉世變成一個冰箱。

冰箱確實坐著不動不必工作，滿肚子食物，身體冰涼潔白不流汗。
想改變自己，不是期待將來過什麼生活，而是希望將來自己成為什麼！

駱駝應該說：「神啊！我希望下輩子變成成功的阿拉伯商人，每天在豪宅工作，不用到沙漠受苦。」

3 堅守初心

長頸鹿是地球表面身材最高的動物，小麻雀是體型最小的鳥類。

小麻雀對長頸鹿說：「雖然你長得很高，但我會飛。」

不要理會自己有很多方面輸給別人，而要在意我們自己有哪一項贏過全世界。

人速度不如印度豹，搏鬥不如老虎獅子，體能不如狒狒黑猩猩，身形不

如大象長頸鹿，人唯一的優勢就是有個能思想的大腦。

豺狼不跟別人比速度與體能，牠所依仗的是創意思考能力，還有不達成目的絕不放鬆的堅持。

反敗為勝的艾柯卡

艾柯卡經營熱狗店的父親很喜歡汽車，他有一輛福特T型車，平時一有空就擺弄汽車。這一嗜好也傳給了艾柯卡，他的事業都跟汽車有關。

艾柯卡是個有骨氣的人，學習成績總是名列前茅。二十一歲剛從利哈伊大學畢業的他，便到底特律福特公司當見習工程師，艾柯卡對無生命的機器索然無味，經過一番努力，他當上了福特汽車推銷員。

剛開始在十三個社區中艾柯卡的銷售成績最差，他想出一個推銷妙招：

購買一九五六年型福特汽車，只要先付二十％，其餘每月付五十六美元，三年付清。這個辦法消費者都負擔得起，於是福特汽車銷量直線上升，僅僅三個月便從最後一名，躍居全國第一。

福特公司把艾柯卡稱之為「花五十六元買五六型福特車」的分期付款方式向全國推廣，年銷量七萬五千輛。艾柯卡因此名聲大噪。幾個月後他被調到總部擔任卡車和小汽車銷售部經理，四年後，升任福特公司副總裁。

六〇年代，艾柯卡研製專為年輕人設計的新車「野馬」，第一年銷售量高達四十一萬九千輛，創下全美汽車製造業最高記錄，為公司創下純利十一億美元，他也成為「野馬之父」。

接著《侯爵》、《美洲豹》和《馬克三型》高級轎車推出，大獲成功。一九七〇年艾柯卡終於登上福特汽車總裁寶座。

但老天沒讓他高興太久，他多年努力，卻因為一場內部權力戰爭將其打入煉獄。一九七八年七月十三日，由於「功高蓋主」，艾柯卡被妒火中燒的大老闆開除了。

五十四歲的艾柯卡接受一個新挑戰——應聘到瀕臨破產的克萊斯勒汽車公司出任總經理。但克萊斯勒公司的狀況比預期還糟，由於前任領導無能，公司紀律鬆弛，財務混亂，現金枯竭，產品粗製濫造。

但艾柯卡沒氣餒，為拯救克萊斯勒，確保六十五萬名員工的工作，他沒有裁員，以緊縮開支為由，艾柯卡從自己做起，把三十六萬美元年薪降為一美元，全體員工的年薪也減少了一二五倍。

艾柯卡說：「要想渡過難關，克萊斯勒人流血必須一樣多，如果有人只等別人付出，自己卻袖手旁觀，便會一無所有。」

克萊斯勒人長期鋪張浪費，講究奢侈，艾柯卡把年薪減至一美元，身先士卒的榜樣是最好的動員令。各級領導到普通員工人人達成共識，大家毫無怨言，心甘情願地勒緊褲腰帶。

共同犧牲為克萊斯勒帶來生機，艾柯卡對行銷、信貸、財務、計畫和人事部門進行整頓，積極開發新產品，盡快拿出對路的暢銷車款。

艾柯卡說：「齊心協力可以移山填海」。

在他領導下，克萊斯勒起死回生，一九八二年，《道奇四〇〇》新型敞篷車暢銷市場，多年來第一次使克萊斯勒公司走在其他公司前面，K型車也占領小型車市場二十％以上。

他力挽狂瀾，把一個即將宣告破產的克萊斯勒拯救過來。一九八三年八月十五日，艾柯卡還給銀行八億一千三百四十八萬美元，為克萊斯勒還

清了所有債務。這一天，恰好是五年前福特開除他的同一天。

一九八四年，艾柯卡為克萊斯勒汽車贏得二十四億美元利潤，這比之前六十年利潤的總和還多，使克萊斯勒躍居全美第三大汽車公司，成為福特汽車最頭疼的競爭對手。

一九八四年，艾柯卡出版自傳《反敗為勝》打破銷售記錄，成為當年全球暢銷書第一名，他本人也成為美國人的英雄。

牛頓的蘋果

萊布尼茲說：「從世界開始直到牛頓為止，數學發展的貢獻絕大部分是牛頓做出來的。」

一六四二年耶誕節，牛頓出生於英格蘭林肯郡鄉下小村落，由於早產，牛頓剛出生時，小得能把他裝進一夸脫馬克杯。牛頓出生之前三個月他

的父親便去世了，母親改嫁同村牧師，牛頓從小便由住在鄰村的外祖母養大。

少年時期牛頓成績一般，並非神童，他喜歡讀書，經常看機械模型製作的讀物，從中受到啟發。

一六六五年，劍橋大學三一學院因為倫敦大瘟疫而停課兩年。這兩年期間牛頓在家中發現了《廣義二項式定理》，開始發展一套新的數學理論「微積分」、「光學」和「萬有引力定律」。

人們常說世界有三顆最有名的蘋果：

第一顆：伊甸園亞當吃掉的蘋果。

第二顆：從樹上掉下打中牛頓的蘋果。

第三顆：蘋果電腦商標的那顆蘋果。

其實牛頓發現萬有引力並不是被掉落的蘋果打中頭部，而是牛頓從一顆

掉落的蘋果展開思考：「蘋果從樹上掉下來，為什麼月亮不從天空掉下來？」

這個問題在牛頓腦中思考多年，終日盤桓不去，有一次，牛頓從書房走出來想到餐廳吃飯，他在走廊突然思考一個物理問題，良久之後他想通了，但新問題又產生了：牛頓忘了自己是否吃完飯？還是還沒進餐廳吃飯？

又有一次，替牛頓做飯的老太太有事要出去，把雞蛋放在桌子上說：「先生！我出去買東西，您自己煮個雞蛋吃吧，水已經在燒了！」

牛頓頭也不抬地「嗯」了一聲。

老太太回來後問牛頓：「雞蛋煮了沒？」

牛頓說：「煮了！」

老太太掀開鍋蓋一看，鍋裡竟然煮了一只懷錶，雞蛋還在原地。原來牛頓忙於思考，把懷錶放進鍋裡了。

後來有一天，牛頓終於想通了：「月亮並非停在天空不動，月亮繞地球公轉，正是從空中向地心墜落的表現。」

一六八七年牛頓發表論文《自然哲學的數學原理》，對萬有引力和三大運動定律進行了描述。提出牛頓運動定律，推動科學革命，使古典物理學跨進當今的現代物理學。

牛頓去世後葬於西敏寺中殿，詩人亞歷山大・波普為牛頓寫下墓誌銘：

宇宙和自然法則隱藏於黑夜中，
上帝說：「讓牛頓誕生吧。」

於是宇宙萬物都被照亮。

從 一顆蘋果掉落，思考出整個宇宙運行的真理，是人類大腦偉大之處。

豺狼善用自己的思考能力，
而不是跟別人比體力。

設定明確的終點目標

《塔木德》說：「一位百發百中的神箭手，如果他漫無目標地亂射，也
不能射中一隻野兔。」

瞭解自己，給自己定下長遠目標，
然後全力以赴抵達最後目標。

愛因斯坦出生於德國貧苦猶太家庭，家庭經濟條件不好，加上自己小學、中學成績平平，但他有自知之明知道必須量力而行。

小時候，愛因斯坦自我分析：「雖然我的成績不怎麼樣，但物理數學成績優異，唯有於物理數學確立目標才能有出路。」因此他選讀瑞士蘇黎世聯邦理工學院。由於奮鬥目標選得準確，愛因斯坦的個人潛能得以充分發揮。

畢業後，愛因斯坦在瑞士專利局當三等雇員，二十六歲時發表了《光量子假說》、《分子大小的新測定法》、《論動體的電動力學──狹義相對論》三篇重要科學論文，發展普朗克的量子概念，提出了光量子除了有波的性狀外，還具有粒子的特性，圓滿地解釋了光電效應，建立狹義相對論和人類對宇宙的新認識。

一九二一年，愛因斯坦四十二歲時，因為他之前發表《光量子假說》的光電效應，獲得諾貝爾物理學獎。

一九九九年十二月二十六日，愛因斯坦被《時代週刊》評選為世紀偉人。

愛因斯坦把大腦用來思考，而不是用來記憶。有一次演講時，有人提問：「你如何記憶很多東西？你可記得音速是多少？」

愛因斯坦說：「我必須查辭典才能回答音速是多少。我從來不記辭典上已經印著的東西，我的大腦用來記書本上沒有的東西。」

雖然愛因斯坦智商很高，但對於生活事務卻漫不經心。

愛因斯坦入駐美國紐澤西普林斯頓高等學院時，有一天晚上，他的女祕書突然接到一通來路不明的電話：「妳能告訴我愛因斯坦博士住在哪裡嗎？」

祕書說：「對不起，我不能告訴你愛因斯坦博士的地址，因為他不想被人打擾。」

這時電話那端傳來很低的聲音：「請不要告訴別人，我就是愛因斯坦，我要回家，可是找不到路。」

原來愛因斯坦參加科學討論會回來，一心思考討論問題，竟然迷路了。

一九四八年，以色列在中東建國。四年後，以色列第一任總統魏茲曼逝世，以色列駐美國大使邀請愛因斯坦擔任以色列總統，大使說：「您是全世界最偉大的人，魏茲曼是你的好朋友，他死後由您接任以色列總統，再好不過了。」

愛因斯坦婉言謝絕了，他說：「政治是一時的，方程式才是永恆的。」

愛因斯坦十三歲時，便有了明確的人生目標，他知道自己物理數學很專精，將一生獻給宇宙物理，終生朝這單一目標前進，也因而成為二十世紀最偉大的物理學家。

豺狼了解自己的優點，終生朝向單一焦點前進，不達目的絕不放鬆，也不會因為名利改變自己的初心。

第二章

狼的信念

In Wolf

1 創意是最 偉大的叛逆

一個人自己願意做什麼，

他就會是什麼人。

——沙特

一個人要改變，希望得到跳躍式的進步，光靠努力、毅力是不夠的。努力、毅力固然是美德，但只會得到漸進牛步式的進步，一日千里的境界不屬於你。

惟有觀念的突變，才能平步青雲，從平地直接跳躍上高原！

努力+努力+努力是乖寶寶做的事。觀念的突破，讓自己一步登天地躍升至頂峰，是成功者應先辦到的任務。要蛻變為狼得先改變觀念，突破觀念，才會變成豺狼。

想成為有能力的狼，先聽聽以下三個空杯子的故事：

空杯子

有一位學者向南隱禪師問禪，南隱以茶相待。

他將茶水倒入杯中，茶滿了但他還是繼續倒……

學者急著說：「師父！茶已經漫出來了，不要再倒了。」

南隱禪師說：「你就像這個茶杯一樣，裡面已經裝滿了你自己的看法。如果你不先把自己的杯子空掉，叫我如何對你說禪呢？」

想要改變自己的觀念時，要先空掉自己原有的錯誤觀念，才能融入新觀念。

每個人只有一個杯子

一個富人問禪師說：「我一生忙於賺錢，請問我應該賺多少才停止？」

禪師在桌上擺了一個杯子，拿一大壺茶注滿杯子，茶水都溢滿整張桌子了，禪師還是繼續倒，直到整壺茶都倒光為止。

禪師問：「你懂了嗎？」

富人說：「我不瞭解這是什麼意思。」

禪師說：「整壺茶水是你一生所賺的錢，杯子的容量是你一生所需要花的錢，賺超過自己所需要的財富，只會滿溢出來無法留住。」

我們雙手空空而來，也將雙手空空而去，

我們有幸來此一輩子，用難得的生命去換取多餘又帶不走的財富名利，

便是看不清楚生命與財富之間的關係！

五個杯子

天地之大德曰生。

——易經

一位NBA教練問禪師說：「球團願意撒錢來贏得最終的總冠軍，只要有決心，便能夢想成真嗎？」

禪師在桌上擺了五個形狀不同的杯子，拿一壺茶注滿五個杯子，茶水都溢滿整張桌子了，禪師還是繼續倒，直到整壺茶都倒光為止。

教練說：「我看不懂禪師所展現的哲理。」

禪師說：「重點在於五個杯子的大小，而不在於茶水有多少。」

教練說：「請禪師說明得更清楚一點。」

禪師說：「無論有多少茶水，也只能注滿這五個杯子。NBA的冠軍之道是要慎選杯子，而不是準備更多茶水。」

行動之前要先看清事實，
器小容不下大物，如果先天條件不足，
付出再多的努力也是白費工夫。

靈骨塔和傳統墓園

豺狼尋求創新，兔子總是依循傳統。
你是狼？還是兔子？關鍵在於思考。

張三李四各花五億元買一百畝土地，用來經營墓園。

張三依過去傳統墓園的經營模式，將土地分成五千個單位，每單位二十平方米，賣二十萬元。

張三將土地規劃完畢之後，天天早出晚歸，很努力地到處推銷一個單位二十萬元的傳統墓園，如果全部銷售完成，張三便可獲利五億元。

李四取得土地後並沒展開行動，他天天到買來的一百畝土地樹下思考、思考再思考……

李四想：「光靠努力、毅力、四處奔波成果有限，如何改變觀念，將傳統墓園變成不同的經營模式？」

有一天，李四終於想到有別於傳統墓園的新絕招：「不把這塊地做成傳統墓園，我要改做靈骨塔。」

李四將土地分成兩部分，他先花一億元在二十畝地上蓋二十層靈骨塔，裡面設有一萬六千個擺放靈骨甕空間。另外八十畝地則分成一萬六千個單位，每單位五平方米，賣十萬元。死者可以先土葬於五平方米墓園十年，之後再撿骨置於靈骨甕放進靈骨塔中，五平方米土葬墓地又可再次使用。如果李四的靈骨塔墓園全部銷售完成，便可獲利十億元。

由於大多數家屬分完遺產之後，兄弟們都很樂意只花十萬元將父母葬在新興墓園，加上靈骨塔墓園可以預售，李四的靈骨塔一推出，人人趨之若鶩，收入便源源不斷，一萬六千個單位很快便銷售一空。再在原

本的二十畝地上每十年加蓋一座二十層靈骨塔，便可以再賣一次，多賺十五億元。李四的靈骨塔墓園很快便申請上市，由於獲利可觀、財報很棒，成為股票市場的熱門績優股。

張三的傳統墓園被李四的靈骨塔打敗，經營不下去，只好將一百畝土地以原價五億元賣給李四的公司。

張三是傳統兔子，兔子只能以比別的兔子更努力的方式競爭。

李四是會思考的豺狼，豺狼不跟別人比努力、毅力，他的祕密武器是思考能力、商業眼光與生意頭腦。

兔子只會依循努力，獲取有限成果，
豺狼先在湖邊結網，然後一網打盡。

觀念決定了一個人的屬性，你是狼？還是兔子？都是觀念在決定。

改變觀念，平步青雲

光靠努力，不能一日千里。

一個人的前途，由誰來決定？

是爸媽？是老師？是老闆？還是朋友？

當然是由自己來決定。

法國數學家和哲學家笛卡爾說：「越努力學習，越發現自己無知。」

於是笛卡爾展開思考，幾年後他發現一個真理，一六三七年發表膾炙人口的《方法論》，書中他說：「我思，故我在。」

我懷疑一切都是虛妄的，但是只有我不是虛妄，因為是我在思想這一

切，由這個在思想的我，證明我確實存在。

笛卡爾說：「一切觀念，都應該有真實根據。無論我們醒著或睡著，除非有自明的理智，我們不應輕易信服。」

人異於萬物，是因為人有顆善於思考的心，豺狼是由會思考的兔子改變原本的觀念所突變的。

將漫畫打入日本

創意是最偉大的叛逆。

走在街頭，會掉下來的只有招牌。
創意不會從天上自己掉下來。

一九八五年四月二十二日我搭機到東京，跟日本漫畫家市川立夫在東池袋練馬區櫻花台合租一間名叫芳葉莊的アパト，準備長期待在東京，將自己的漫畫打入日本。

日本是世界漫畫王國，日本最火紅的漫畫永遠是故事漫畫，我知道：即使我畫得跟日本漫畫家一樣好，想打入日本漫畫市場也不容易，如果作品內容不夠特別，憑什麼他們要採用一位台灣漫畫家？唯有題材是日本漫畫家辦不到的才有可能。

我畫了很多年漫畫，深知漫畫最重要的關鍵是自己該畫什麼題材？

我總認為漫畫只是一種語言，一種表達手法。漫畫像文字一樣是一種表達工具，沒有什麼主題不能用文字描寫，任何題材都可以通過漫畫來表現。漫畫不只是能畫政治、幽默、諷刺或故事，漫畫也可以畫佛經、禪宗、物理、數學、英語，沒有什麼題材不能用漫畫來畫，內容、內容、

內容……內容才是重點，內容才是王道！

我看很多書，類型也非常多，其中一定有很多適合用漫畫來表現的。

有一次跟市川立夫聊天時，我提到「莊周夢蝶」這個美麗的故事：

有一天黃昏，莊周夢見自己變成了蝴蝶，他拍拍翅膀，果然像是一隻蝴蝶，快樂極了。這時候，他完全忘記自己是莊周。過了一會兒，他在夢中大悟，原來那得意的蝴蝶就是莊周。究竟是莊周做夢，夢到自己變成蝴蝶？還是蝴蝶做夢，夢到自己變成莊周？

市川立夫說：「好像柏拉圖也有類似的故事。」

我一時猛然想到：何不將先秦諸子百家思想化成漫畫呢？

剛好我隨身帶著幾本莊子、老子、墨子的哲學書，當下便停止聊天，開始研讀莊子。

我發現我跟莊子很像，追求天人合一、清靜無為、凝神寂志，不把名利看在眼裡。莊子首創以寓言方式談哲學，很適合用漫畫表現，裡面有無數有趣的故事，比方朝三暮四以及養生主。

與講談社約定出版

莊子說：「人生命有限，知識無窮。以有限生命，去追求無窮知識是非常危險的。知道危險卻以為知識使你聰明，那就更危險了。」

我自己也不想用有限的生命去賺取這輩子用不上的錢，便很興奮地動筆把莊子思想改編成漫畫，十天後，已經完成整本漫畫莊子的草稿。

由於東立出版社范萬楠的關係，我跟講談社漫畫單行本主編阿久津是好朋友，我約他喝咖啡，給他看我的新作。

阿久津看完驚呼：「哇！這是震撼漫畫界的創舉，這本書出版之後，保證會轟動。」

「不只是一本漫畫莊子，我要畫整套漫畫中國思想系列。」

「你還要畫什麼？」

「莊子之後，還要畫老子、孔子、孫子兵法、韓非子等等。」

「這套漫畫一定要給講談社出版。」

「當然我非常樂意。」

幾天後，阿久津把莊子漫畫草稿交給講談社第三編輯部部長古屋信吾看，古屋信吾當場答應講談社要跟我簽約，出版漫畫諸子百家系列。

我的漫畫理念沒有錯，重點不在於漫畫技巧，而在於漫畫題材！讀者沒有跟我們結仇，故意不買我們的漫畫，讀者更不會和自己的荷包結仇，花錢去買不好看的東西。只要畫出來的漫畫很好看、有意思，出版之後肯定受歡迎！

接著我一邊完稿漫畫莊子，同時也繼續畫老子、孔子、列子、韓非子，不過不急著出版，因為我規劃的是整個漫畫諸子百家系列。

一九八七年這套漫畫系列開始出版，果然大受歡迎，不但打入日本，甚至在全球四十五個國家出版，總共賣了四千萬本。

身為漫畫家，如果誤以為漫畫只能畫故事漫畫，那麼便自我侷限在一個

小框框裡，創作的方向和數量就會受到相當的限制。

在我的觀念裡，漫畫只是一種表達形式，我不是在畫漫畫，而是通過漫畫表現智慧，因此漫畫題材不受任何限制。

2 一切都能改變

一切都能改變，「不可能」三個字只有庸人的詞典裡才會出現。

我當兵時，新兵訓練結束分發部隊抽到防空砲兵四○砲營，必須先到台北三重市高砲補充兵營受訓兩個月後，再分發到高砲營。

到台北三重補充兵營報到之後，我問補充兵營老兵：「分發到四○砲營，未來日子怎麼樣？」

老兵說：「高砲部隊必須台灣、金門、馬祖三處輪調。四○砲每班七個

人戍守一座陣地，其中五位充員兵必須每天輪流站崗。」

我說：「哇！聽起來不太輕鬆呢。」

一兩年前，年紀大一點的漫畫家比我早當兵，放假回出版社時，我問他：「當兵苦嗎？」

他說：「因為會畫漫畫，在軍中從事畫畫工作，所以日子過得很輕鬆。」

他的說法，讓我誤以為軍中有專門畫畫的單位，心想：「我這麼會畫畫，怎能大材小用，每天站衛兵五個小時？」

高砲補充兵營星期四休假，每逢休假我刻意穿軍服，帶著作品到有關畫畫的軍中單位，請他們將我調到畫畫職務。

原本想去國防部心戰小組，聽說辦公室在總統府裡面，不敢進去。

軍中雜誌《勝利之光》的編輯說：「你畫得很好，可惜我們單位太小，無法替你申請機調。」

空軍總部作戰部說：「目前我們不需要，你到高砲司令部試試。」

高砲司令部政治作戰處說：「我們這裡沒有，不過聽說後勤處正在找畫畫人才。」

我到操場對面的後勤處辦公室，一進去遍高喊：「報告！聽說後勤處需要畫畫人才？」

我將作品遞給上校處長崔春霖，崔處長邊看邊笑：「我們需要的是畫工程圖的建築師，你會畫建築工程圖嗎？」

我說：「不會畫。」

崔處長說：「不過，你真的畫得很好，結訓後，直接到高砲司令部跟我報到。」

此後三年，我便留在台北克難街南機場防空砲兵司令部後勤處，沒分發到部隊，去戍守金門馬祖。但我在這期間，替防砲部隊畫了四○砲、九○砲、五○機槍圖解細部零件分解與維護三本書，並將三本書出版分發給每一位防砲官兵，對軍中的貢獻總好過在陣地站上五四七五個小時衛兵。

我認為自己很符合豺狼的特質：「清楚知道自己要的是什麼，然後不達目的，絕不罷休。」

一：如果我不毛遂自薦，空軍只多了一個大頭衛兵。

二：由於我毛遂自薦，空軍多了一個漫畫天才，為空軍高砲部隊畫了三本維修四○砲、五○槍、九○砲的詳細圖解，也畫了很多演習的圖錄。

圖像思考、圖像記憶

學習任何語文當然得背大量單字，在背單字之前要先想通記憶的真理：

記憶不是要記得進去，
而是要用時取得出來。

人的大腦有如存放東西的抽屜，鑰匙亂放，要用時找不到，把鑰匙放進抽屜，要用時便能取出來。問題是抽屜裡已經有一百萬根鑰匙，鑰匙一放進去便找不到了。

正確的記憶方法是：「記住取出來的方法，而不是記進去。」

可以想像得到：抽屜裡放一百萬根鑰匙，鑰匙越大串越容易找到，記憶英文單字也一樣，單字連結得越大串越容易記住，單一個單字反而不容易記牢，因此背誦英文單字要用圖像串連記憶法。

記得年輕時，曾在《讀者文摘》看到一篇關於記憶的文章，我們很難記住：醬油、鹽巴、西瓜、襯衫、浴缸五種完全不相關的名詞，但如果我們把這五種物品組合成一幅荒謬的畫面：

一個人穿著襯衫

坐在浴缸用醬油洗澡，

邊撒鹽巴邊吃西瓜。

便很容易記住醬油、鹽巴、西瓜、襯衫、浴缸這五件東西，這就是有效的圖像記憶法！

我學日文只花三個月，學英文根本不需要背單字。只要用畫面思考，畫面記憶，幾分鐘內就可以背出一大串英文單字。

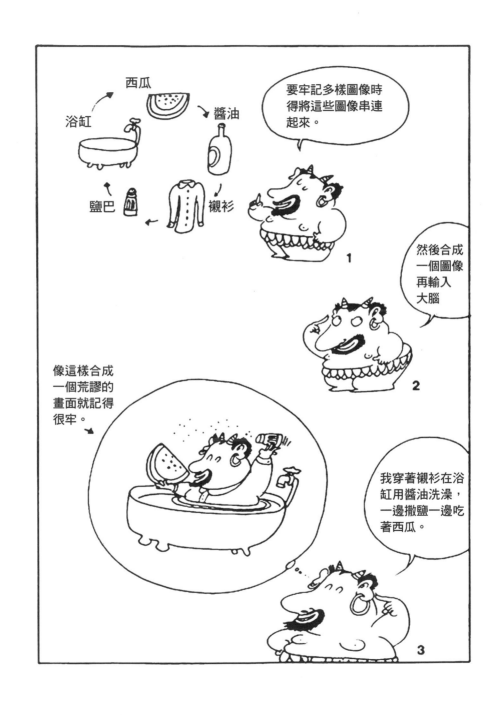

英文單字串連記憶法

例如英文單字圖像記憶法，首先畫出笛卡爾座標讓X（平行線）與Y（垂直線）相交。

把：A、B、C、D、G、T、Z、PH、ST、TB寫在垂直的Y軸，

平行X軸寫上後續字母ONE，組合起來便一口氣牢記十個英文單字。

A.ONE頭等

BONE骨頭

CONE圓錐體

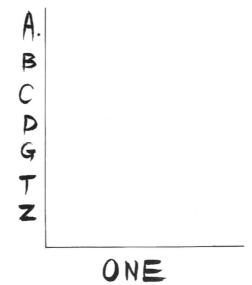

DONE完成

GONE消失

TONE音色

ZONE區域

PHONE電話

STONE石頭

TBONE丁骨牛排

相同的把：L、D、P、SP、B、SH、M寫在垂直的軸上，平行X軸上寫後續字母ARK，然後將它們組合起來。

再把它們串連成一個故事：

一隻雲雀（LARK）去一個黑暗（DARK）的公園（PARK）透過星星之火（SPARK）在樹皮（BARK）雕刻鯊魚（SHARK）的商標（MARK）

背一個英文單字，免費送一個單字，

買一送一記憶法：

愛**LOVE**的前面加**G**

就變成手套**GLOVE**

痛**PAIN**的前面加**S**

就變成西班牙**SPAIN**

雨**RAIN**的前面加**T**

就變成火車**TRAIN**

雨**RAIN**的前面加**B**就變成腦**BRAIN**

容易**EASE**的前面加**PL**

L
D
P
P
SP
B
SH
H
M

ARK

就變成請PLEASE

傾聽LISTEN的前面加G
就變成閃光GLISTEN

贏WIN的前面加T
就變成孿生子TWIN
現在NOW的前面加K
就變成知道KNOW

故事STORY的前面加HI
就變成歷史HISTORY

國家NATION的前面加CAR
就變成康乃馨CARNATION

於是我們便可以把它記憶成為：

手套是G的愛、閃光是G的傾聽、西班牙是S的痛，火車是T的雨、孿生子是T贏、腦是B雨、請是PL容易、康乃馨是有CAR的國家、知道是K的現在、歷史是HI的故事。

我觀念正確，不會為英文說不好而覺得害羞，有時說不出整句，只要說幾個單字，通常老外也會理解我們的意思。

有一次我跟加拿大鄰居Jem，一起開車到別的州比賽橋牌一星期，回程路上Jem跟我說：「你的英文回程比去程進步多了。」
我說：「當然，是這個星期跟你學的。」

3 人間數學

我的數學成績很好，小學六年期間的數學考試幾乎全部一百分，無論雞兔問題、植樹問題、流水問題都難不倒我。然而這些所謂正確的標準答案是學校裡教的數學，真實世界的人間數學可不是這麼一回事。

人心才是數學尺度

一九五九年八月七日，彰化發生八七水災，三家村堤防被大水沖垮了，縣政府為重建堤防，派兩位工程師到村子測量，由於村子沒有飯館、麵

店，縣政府便跟在鄉公所上班的父親說好，讓這兩位工程師到我們家吃午飯，之後再補貼我們餐費。

鄉下餐桌平時的菜色都是韭菜、空心菜、蘿蔔乾或小魚乾，為了接待這兩位工程師，餐餐都得有雞鴨魚肉。

一個月後，我下課回家，發現父親鐵青著臉。

我問媽媽說：「爸爸在生誰的氣啊？」
媽媽說：「還不是為了那兩位工程師。」

「他們為何惹爸爸生氣？」

「今天工程已經測量完畢，回去時他們給的午餐費，連買菜錢都不夠。」

「哇！他們真沒良心，難怪爸爸生氣。」

我跟兩位工程師一起吃午飯一個月，從談吐和行為可以看出一位比較善良，一位比較小氣。

兩位工程師決定給父親多少午餐費時，不會剛好相同，一定是一個比較多，一個比較少。決定給比較多的人必然無法勸給少的人增加錢，因為既傷兩人和氣又傷自己荷包。

決定給比較多的人會說：「給這麼少錢我很難為情，你自己拿去給他們。」

決定給比較少的人說：「好，由我出面拿錢給他們。」

在真實社會裡，面對下場好壞各一半時，你必然只會得到壞結果！對你

好的人要說服對你壞的人很難，對你壞的人要說服對你好的人倒很簡單。而出面跟你說最後結論的那個人，就是對你壞的人。

人間數學

森林裡大鬧饑荒，母山羊看到一隻狐狸和一隻狼奄奄一息地躺在路上，於是餵他們喝山羊奶。狐狸和狼甦醒之後，狼竟然打起母山羊的壞主意。

狼說：「好久沒吃東西，我們吃了這隻母山羊吧？」

狐狸說：「再餓也不能恩將仇報，吃了救命恩人啊！」

狼和狐狸爭吵了半天，最後雙方一致同意，一起吃掉母山羊。

一個對你好，另一個對你壞，好壞下場的機率各一半，這是學校教的數學，人間數學的機率是：你只會得到壞結果。

豺狼知道課本所說的只是考試的標準答案，人生所面對的是真正的人間數學。

禪宗數學

禪師教弟子數學。

禪師問：「桌上有三顆水蜜桃，你先吃一顆水蜜桃。」
弟子兩三下便吃完水蜜桃。

禪師問：「現在剩下幾顆水蜜桃？」
弟子說：「三顆。」

禪師問：「哪來三顆水蜜桃？」

弟子說：「兩顆在桌上，一顆在我的肚子裡。」

禪師說：「不錯，不錯，你終於開悟了。」

禪師又教弟子數學減法。

禪師問弟子說：「佛堂供桌有十個桃子，你吃了八個，結果會如何？」

弟子說：「會被師父打屁股。」

禪師說：「不錯，不錯，你很瞭解人間數學。」

（有關我自己體會「人間數學」來累積財富的經驗，請參閱我寫的《賺錢兵法》兵法一。）

第三章

狼的行動

Wolf A

ctions

1 韻律與節奏

兔子問豺狼說：「兔子跟狼最大的不同是什麼？」

豺狼說：「兔子受制於環境改變，狼在變化的環境中改變自己。」

有一次新東方教育集團董事長俞敏鴻請我吃北京鄉下的土家菜。

路上他指著山上一棟建築物說：「我大三時因為肺結核，在山上這家醫院待了一年，也讓我思考了一年。我想通了一個關鍵就是：不要跟人家比成績，也不要跟人家比文憑，而是要想通自己將來要做什麼？」

俞敏鴻是極少數畢業後沒有出國留學的北大英文系學生，因為他已經找到生命之路，就是創辦北京新東方學校。由於新東方對中國學生出國留學的託福考試幫助很大，他被譽為「留學教父」，據說目前海外中國留學生中有七十%曾就學於新東方。

只有死魚才隨波逐流，會思考的魚總是先問自己要遊去哪裡？尋找生命的摯愛，然後無悔的朝向自己的目標前進。

你的目標中必須含有某種能激勵你自我拓展、自我要求的要素。而這些要素也會幫助你不斷成長、改變、進步。

如果你是學生，只為分數而學習，或許你會考一百分和得到畢業證書。

如果你為知識才能而學，雖拿不到文憑，但你肯定變成一個厲害人物。

天之道，虛其無形。

——管仲

我三十歲才開始打橋牌，打了一年便贏得第一個冠軍。當時台灣跟印尼是亞洲橋牌冠軍，能在台灣贏得比賽實在很不容易。此後繼續打了三十幾年橋牌，我已經贏得一百二十五個冠亞軍。

二〇〇三年七月，沈君山先生送我他的著作《逐鹿橋壇三十五年》，扉頁寫著：志忠橋友，莊子橋風。

因為我打橋牌時不按牌理叫牌、打牌，經常詐叫詐打，我打橋牌的風格和其他打了幾十年的橋友完全不同，像風一樣神龍見尾不見首。

原因是三十歲剛打牌時，橋牌技術還不行，一場橋牌比賽二十六副牌，如果規規矩矩打二十六副牌，必然輸二十六副牌，打幾副就輸幾副。

我不是乖寶寶，不肯乖乖的打，乖乖的輸，所以不太會打牌時便經常詐叫，反正乖乖打乖乖輸，不按常理出牌，二十六副牌總能贏它三四副。

後來牌技慢慢跟上了，從每場橋賽贏三四副牌，逐漸增加為十四五副牌，輸少贏多便有能力贏得比賽了。（PS：橋牌比賽，一家詐三家的詐叫是合法的。）

豺狼從來不是乖寶寶，
即便打橋牌也不肯乖乖打橋牌。

你的韻律是什麼？

惟有一次，我無言以對，就是當一個人問我「你是誰？」的時候。
──紀伯倫

《孫子兵法》說：「其疾如風，其徐如林，侵掠如火，不動如山，難知如陰，動如雷霆。」

行動要有韻律有節奏

靜如處子，動如脫兔。

每個人應當瞭解自己，什麼時候自己的狀況最好，什麼時候狀況最差。

在最好的時間做最好的事情，
在垃圾的時間做垃圾事情。

該急時做最急的事，該緩時做最緩的事。
很多人正好顛倒過來，最清醒、品質最好的時間，用來做一些無關痛癢或者自我放縱的事情；最迷糊、品質最差的時間，卻用來做一些關係重

大的事情。

我曾經做過七年工作記錄，由此知道自己一天當中清晨一點到三點時大腦最好智商最高。

一年當中，冬天大腦最好、工作效率最高。同時也發現氣溫越低，智商越高。肚子空空時，大腦最好。

因此我四十四年不吃早飯，以免自己變成豬頭。我創作方式跟巴爾札克很像，天黑就睡覺，清晨一點鐘起床，先站在窗口對著假裝看得到的星星思考，然後開始工作，直到下午兩點才吃午飯。

每年冬天到東京畫漫畫工作，因為東京的氣溫比台北還低，待在東京時，我的大腦最好、工作效率最高，因此冬天在東京是我的創作高峰。

很多知名作家也是夜深人靜時寫作，但這只是作家的習慣使然，所以才一再寫出跟過去相差不大的作品。

作家夜深人靜寫作是從過去寫到現在，從昨天寫到今天，因此他的大腦裡帶著九十五％的過去想法，只有五％的思考朝向未來，因此才會寫出跟之前的作品差不多的東西。

美國有一位初出茅廬的作家，請卓別林看他剛寫好的劇本。

卓別林看完劇本搖搖頭說：「等你和我一樣有名時，才能寫這種爛劇本，剛出道時，你必須寫出好劇本才行。」

如果作家也跟巴爾札克一樣，天黑就睡覺，清晨起床寫作，那麼大腦的狀況便完全不同，只有五％記著過去，九十五％的想法朝向未來，便能輕易寫出創意無限的優良作品。

韻律能使行動優雅，節奏可以節省體力。
每個人都有自己的韻律，找到自己的韻律，配合行動就會事半功倍。

如果我是狼，便應改找屬於自己的韻律，才會成為一匹優秀的狼。

2 化地獄為天堂

小老鼠一不小心掉進冰湖裡，他奮力爬出來，但全身已經凍僵快要死了。

森林中的動物們看了，急忙設法救他，小母雞替他做口對口呼吸，小兔子哈熱氣為他解凍，但都沒有效果。

大黃牛走過來，在小老鼠身上拉了一坨大便。

小母雞說：「別人遭逢苦難，你幹嘛還落井下石？」

小兔子說：「難道你要用大便埋葬他？」

大黃牛回答說：「大便是他的救命仙丹。」

小老鼠全身蓋著熱呼呼的牛大便，身上的冰慢慢解凍融化，一回兒便真的活過來了。

一個人要有常識和推理能力，如果連狗屎和香草冰淇淋的味道都分不清，這輩子肯定不會成功。

豺狼能分辨好人壞人、善意惡意，即使身上被拉一坨大便，也能分辨是走霉運，還是我們的救命祕方。

別固執於自我

水從高山沖下瀑布，
經過急流到綠洲，過不了沙漠。

水再一次沖下瀑布，
經過急流到綠洲，還是越不過沙漠。

水在沙漠前面哭著說：「沙漠是水的宿命，水永遠越不過沙漠。」

這時風對水說：「你可以不只是水，你可以化成水蒸氣，升上天空變成雲朵。再透過我的幫忙把你吹過沙漠，你便可以變成雨降落地面，這不就越過了沙漠？」

如果我們抱持著「我」，

便無法面對不同際遇。

水自認為自己是水，便無法橫越沙漠。
水可以變化為水蒸氣，變化為雲、雨，能隨不同際遇變化，沙漠便不是阻礙了。

世間隨時變化，如果我們不變，面對不同情境時便會遭遇阻礙。豺狼隨著變化的情境瞬時變化，因此能處處無礙。

地獄才是天堂

一塊冰在撒哈拉沙漠，被太陽融化得只剩小小一塊。

冰感嘆著說：「沙漠是冰的地獄，北極才是冰的天堂。」
沙對冰塊說：「冰在沙漠時才最珍貴，冰在北極是最不值錢的東西。」

處於太平順世之時，無論是誰，大家都相差不多。如果我們處於苦難絕境，正是顯彰最高自我價值的時候。

頓悟能將地獄化為天堂

弟子問禪師說：「頓悟是什麼？」

禪師回答說：「炙熱的撒哈拉沙漠原本是冰的地獄，當冰想通了關鍵點：『冰在沙漠比黃金還貴！』這便是頓悟！」

沒有困境，便沒有頓悟！
沒有黑暗，就沒有光明。

豺狼知道，當大環境改變得很不利時，正是彰顯自己能力的最佳時機。

3 只要第一

大多數人總以為拿不到第一名，有個第二、第三名也不錯，在一個領域裡，如果第一名代表一百分，很多人誤以為第二名起碼有九十分。其實這是很嚴重的錯誤觀念。

真實的狀況是：第一名享有一切，第二名只能拾人牙慧，撿拾第一名丟進垃圾桶裡的機會。

例如東晉的王公大臣需要寫書法，必然會找書法第一的王羲之，除非王

羲之不肯寫，才有機會輪到排名第二、第三的書法名家。一千多年後，
又有誰知道當初王羲之時代排名第二、第三的書法名家？

即使東晉當時，就已沒有人理會王羲之之外誰是書法的第二、第三行
家，一千多年後的今天更沒人理會。

只要第一，不要第二

只有一個人能界定你一生的成就，
那就是你自己。
──麥可‧喬丹

高中一年級時，麥可‧喬丹被學校籃球隊退訓，回家哭了一個下午。他
記取這個教訓，決心挑戰更高的目標，誓言要使自己成為NBA最厲害的
球員。

升高二之前暑假，他尋求校隊教練克里夫頓・賀林得幫助，在他的指導下進行密集訓練，終於被選入校隊參加比賽。

一九八四年NBA選秀大會，喬丹在首輪第三順位被芝加哥公牛隊相中。一九八六年賽季，喬丹場均得到三七・一分，首次獲頒得分王。一九九〇至九一賽季，喬丹連奪常規賽MVP和總決賽MVP，率領芝加哥公牛隊首次奪得NBA總冠軍。一九九七至九八賽季，喬丹獲得個人職業生涯第十個得分王，並率領公牛隊第六次奪得總冠軍。他被公認為全世界最棒的籃球巨星。

有人問喬丹：「是什麼原因造成你與眾不同的表現？你能多次贏得年度MVP和贏得球隊冠軍，是天分？還是球技？」

喬丹回答說：「NBA有不少天才球員，我只是其中之一。我跟其他球員截然不同的原因是：你絕不可能在NBA裡再找到我這麼拚命的人，因為

我只要第一，不要第二。」

喬丹的決定出自堅決的內心，由此改變自己的命運，也讓NBA的發展大為改觀。

二刀兵法的宮本武藏

人在任何領域都能成為藝術家，
問題在於他能專精到什麼程度？

宮本武藏一心想成為日本第一劍客，二十一歲赴京都與兵法家交手。

宮本武藏抱著必死決心戰鬥，他說：「誰能阻止少年武士赴死的心呢？他們聽不到，鬥士的劍一揮出，必會聽到戰敗者的哀嚎。」

由於他劍道高強，又深懂孫子兵法真諦，從十三歲到二十九歲，決鬥

六十餘次，擊敗有馬喜兵衛、高田又兵衛、吉岡傳七郎、佐佐木小次郎等劍道高手，終於成為日本第一劍客。

宮本武藏說：「最直接有效的追擊敵人，讓敵人陷入混亂狀態，是兵法中唯一能取得勝利的途徑。」

退隱江湖的武藏潛心著述充滿禪境界的劍道《五輪書》，成為日本戰國末期至江戶時代初期最偉大的劍術家、兵法家、藝術家。

第二名是頭號輸家

一九九二年夏天，我在溫哥華參加一場橋牌大賽，由於我是前一個杯賽冠軍，比賽完畢，大家靠著吧台喝啤酒等最後頒獎，有位加拿大橋友問我：「你贏得冠軍了嗎？」

我說：「我是第二名。」

那位加拿大橋友聽了「哼」的一聲，不屑地拿著啤酒離開吧台，不再理會我。

當時我的確有點阿Q，標準回答應該是：「不，我輸了這場比賽。」

老虎伍茲說：「第二名是頭號輸家，被第一名踩在腳下的人叫作第二名。」

沒取得冠軍，還要跟別人說自己第二名，在西方人眼中是阿Q的行為。

第二是一種恥辱

二○○八年七月四大公開賽英國溫布頓網球錦標賽，西班牙網球名將納達爾於決賽戰勝瑞士羅傑‧費德勒，首次奪得溫網男單冠軍。獲得溫網

第二名的費德勒頒獎致詞時，哭得像淚人兒。

南非高爾夫球名將厄尼‧埃爾斯（Ernie Els）曾在世界四大公開賽連續三次敗給老虎伍茲，只得到第二名。對厄尼‧埃爾斯而言，連得三次四大公開賽第二名，是自己無能奪得四大公開賽冠軍的證明。

直到二〇〇二年七月二十一日通過附加賽，厄尼‧埃爾斯戰勝另外三名球手，奪得英國高爾夫球公開賽冠軍，這才破除自己無法奪得四大公開賽冠軍的宿命。

歷史只記錄誰是第一，沒人理會誰是第二。對豺狼而言，經常拿第二不是光榮，而是一種恥辱。

提前領先一步

成為某個新興領域第一，有個重要關鍵，就是在競爭開打時要提前領先一步。

例如十個人爬一根百尺竿頭搶孤，剛開始大家在竿頭相互拉扯，領先者被第二名拉住腳，第二名被第三名扯住衣服，向上爬的力量被向下拉的力量兩相抵消，大家像粽子一樣扯成一團。如果領先者能提前領先半尺，讓第二名的手構不到，便能一飛沖天抵達終點。

一個行業剛開始，起步的時刻很重要，誰能提前領先一步，便能一飛沖天，遙遙領先。

第一成功典範能贏得媒體的關注，及早成為第一還有一個好處，就是眾人比較不敢批評，因為批評第一的人總會讓人覺得很阿Q。

第四章

狼的方法

Way of

he Wolf

1 多才多藝
等於一無是處

台灣番茄、泰國榴槤、富士蘋果三種水果，讓大家自由選擇一個。

我愛吃番茄，我才不理會富士蘋果最貴，泰國榴槤最難得，我會毫不猶豫選擇台灣番茄！

但很多人會選最貴的富士蘋果，有的人會選擇難得的泰國榴槤，面臨人生選擇題時，大家大都不關心什麼是自己真心最愛，只是追求功利。

通常人在生命旅程中，所選擇的道路大都不是依自己想法，只是隨波逐流跟隨大家的腳步。

人人生而不同，每個人拿手和喜愛的也不一樣。找一個地方自己冷靜地自我檢討，什麼是我自己最喜歡的焦點？什麼是我自己最拿手的事物？

很少有人打從人生一開始，便真正瞭解自己，我們自以為的自己大都來自父母、師長所反映出來的虛幻鏡像。

及早瞭解自己，選擇人生的那把刷子，才是豺狼應該做的事。要當一匹厲害的狼倒很簡單，只要遵守以下三個關鍵，無論幹哪一行都能平步青雲：

一：首先要選擇自己最拿手、最喜歡的事物，然後把它做到極致。如能達到這樣，無論我們做什麼，沒有不成功的啦！

二：當我們做出來的效率比自己所期待的還快，就會更快。效果比自己所期待的還好，就會更好。如此一來便能越做越快，越做越好。

三：於是所完成的東西便能達到：成本最低、效率最高、品質最好。

如果能達到以上三點，無論我們從事哪一行，同行中，再也找不到競爭者了。

反之，沒有效率則沒有數量，沒有數量就沒有經濟規模，無論做什麼事都不容易成功，也會虧錢。

豺狼是為了淘汰不夠水準的兔子而存在，狼的出現讓不夠水準的行業無法生存。

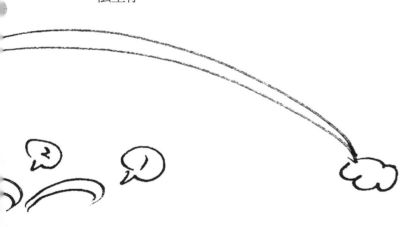

多才多藝等於一無是處

學生說：「我會彈三弦琴、作曲、下棋、射箭、騎大象。」

智者說：「嗯，的確多才多藝。但多才多藝等於一無是處。」

學生說：「為什麼老師會這樣認為？」

智者說：「學習一項技能，要設法使自己成為世界第一。什麼都學、什麼都會，表示什麼都不精。」

大多數人終其一生都是以一把刷子混飯吃，為何從小要同時學十把刷子？

從前的學習制度，徒弟跟師傅學習三年四個月，四十個月後便成為專業

師傅，所學的專業能賺錢養家活口。

而今天一個學生從幼稚園、小學、初中、高中到念完大學，學習二一六個月，竟然沒達到專業，最重要的原因就是學得太雜、學的種類太多。

豺狼知道什麼時候應捨棄某顆棋子，應該於何時犧牲。一般人只學會取，而沒學會捨，於是便取得很有限，取得不精，取得不多。

有效學習的關鍵在於自己要真正喜歡，學習得先學會捨，選擇單一焦點，捨棄其他一切才能真正取得多！只有當我們學會捨之後，才能取得多，才能在單一領域出類拔萃。

滴水能穿石，因為它永遠打擊同一點。力量要用在刀口上，不要分散。集中火力把有限的力量貫注在一點，精確地對準目標，機槍式地打擊，便能有成果。

專精一樣才能取得多

一九〇〇年至一九九三年我研究三年佛陀思想，準備動手畫成漫畫完稿出書之前，由於不能決定要把佛陀畫成像《西遊記》裡的中國式佛陀？還是偏袒右肩在森林修行的印度式佛陀？

於是到古董市場想買幾尊佛陀造像來參考，光華古董市場只有銅佛，沒有木雕佛像。我花台幣一萬元買了一尊早明銅佛。回家後，把銅佛擺在書桌燈光下：「哇！銅佛好美、好美喔。」

真想不到六百多年前明朝早期銅佛像一尊竟然只要一萬台幣？當下我決定開始收藏銅佛，當時平均每三個禮拜一次，搭機到香港收購銅佛。香港幾十家古董店集中在上環荷里活道、摩駱街、永吉路交接處開店，形成市集——香港古董街。

九二年至九四年間，香港古董街人行道上，鋪滿了來自中國的各種古董：西漢高古銅器、北魏佛菩薩石雕、北魏胡人彩陶、唐代仕女彩陶、唐馬彩陶、字畫、文玩、陶瓷器，琳琅滿目不一而足。我不是家財萬貫的富豪，也沒有被各式文物引誘，還是本著初衷只購買中原銅佛。

大多數收藏家跟喜歡多才多藝一樣，不知道節制，什麼古董文物都買，乃致無論收藏什麼都不專精。收藏要有成就，只能選單一主題，捨棄其他一切。

我做什麼事情都喜歡做出個名堂，只針對單一目標收藏，十幾年來銅佛收藏總數達到三五二〇尊，成為擁有中國鎏金銅佛最多的收藏家。

2 專注兩端

最好或最先進

老舊的電視機壞了，除夕前一天我到電器大賣場買電視機，看到電冰箱、電風扇、電鍋、冷氣、電視機、電唱機等大宗電器產品占賣場八十%面積，而擺在玻璃櫃裡的手機、平板電腦、MP3等高科技產品才占賣場二十%面積。由價格粗估：占賣場八十%面積的大宗電器產品營業額大概只占二十%，而占賣場二十%面積高科技產品大概占八十%的營業額。

從這裡可以發現，未來電器產品發展只有兩條路：

一：如果生產實用電器產品，只能挑戰品質最高性能最好。

二：如果生產高科技產品，只能走在時代尖端，帶動時代潮流。

如果無法生產品質最高性能最好的電器產品，也無法生產走在時代尖端，帶動時代流行的高科技產品的企業，只能退出這個行業。無法品質領先或創新領先，再怎麼努力都是沒用的。

只經營兩端生意

有一天豺狼想做奶粉生意，他先市場調查：「請問，什麼是最好的奶粉？」

「最好的奶粉是S26。」

「一罐多少錢？」

「一罐六百元。」

豺狼為了區隔S26奶粉，先將自己的奶粉定價為六百元，然後再設法研發品質比S26還好的奶粉，半年後，豺狼發現辦不到。

於是他又到市場調查：「請問，什麼是最便宜的奶粉？」

「味全奶粉最便宜。」

「一罐多少錢？」

「一罐三百元。」

豺狼為了區隔味全奶粉,先將自己的奶粉定價為二百五十元,然後再設法研發品質不比味全奶粉還差的奶粉,半年後,豺狼發現無法以五十元低價生產品質不比味全奶粉還差的奶粉,於是豺狼果斷放棄做奶粉生意。

做生意不能走中道,要擇取頭尾兩端:
生產最棒最好的產品或最便宜的東西。

窮人當然選擇最便宜的奶粉,有錢人不在意價格,他們要為子女買最好的東西。

如果生產不出品質最好,也辦不到價格最低的產品,豺狼便知道自己無能涉足這個領域。

3 與眾不同的「窯變」

自信最有魅力

一個人是否有成就，
在於他是否具有自尊心和自信心。
——蘇格拉底

一個聚會場合，有一位身穿潔淨素衣的中年女性盤腿坐在沙發上，神態恬靜優雅，在喧嘩熱鬧的會場，她安靜得像是獨坐在一處杳無人跡

的海灘。

問她：「妳做哪一行？」

她說：「我教導女性如何更有魅力。」

再問她：「如何能讓男性充滿魅力？」

她說：「自信，自信能讓男性散發出無邊魅力。」

你認為自己幾歲，你就是幾歲。
你自認為智商有多高，你的智商就多高。

自信是成功的第一祕訣，
自信是英雄主義的本質。

喬丹應該是NBA中最自信的人，因此他才充滿個人魅力。

喬丹說：「如果有人超越我，我會試著不讓它再發生。我的人生態度是：如果你一直攻擊我的弱點，我會將這個被覺察到的短處轉變成優點。」

豺狼是不怕打擊的，打擊是豺狼成長的動力。每次越過逆境，便更增強自己的自信。

在真實的生命中，每樁偉業都由信心開始，並由信心跨出第一步。

窯變的懺悔觀音

只有死掉的魚才隨波逐流，
活的魚總是逆水向上而游。

人是奇怪的動物，既希望能與眾不同，鶴立雞群，出類拔萃，又生怕自

己跟別人不一樣。跟別人一樣競考大學,爭取好學校獲得文憑,而不在意自己到底有哪一項特殊技能與專業贏過全世界。

我收藏三五二〇尊銅佛,其中有一尊姿態非常特殊的低頭酣睡佛陀。

有一位朋友在鶯歌經營白瓷觀音外銷,每尊美金五塊錢。有一天,朋友看見這尊酣睡佛陀,他興奮地說:「我也有一尊非常特殊的窯變觀音,低頭深埋胸口,像極了正在懺悔,我已經把它當成傳家之寶。」

我說:「一模一樣的量產產品只能賣美金五塊錢,與眾不同的窯變則成為傳家之寶。」

每個人都是窯變懺悔觀音,每個人都是獨一無二的傳家寶,千萬別使自己變成每尊美金五塊錢的生產線產品,是與眾不同之處才令我們出類拔萃,為了跟別人不一樣,才是值得我們花錢的部分。

站在巨人的肩膀上

和優秀的人才接觸不會後悔。

保羅‧艾倫喜歡音樂和天文學，他經常沉浸於音樂，或是對天空發呆，因此艾倫朋友很少，被視為湖畔中學不善交際的學生。

低他兩屆的一位金髮男孩經常到班上找他，由於艾倫的父親是湖畔中學圖書管理員，金髮男孩要通過艾倫借最新的電腦書籍，於是他們兩人便經常在學校電腦房利用一本指導手冊學習Basic編程，畢業之前，兩人都成為湖畔中學的電腦高手。

一九七一年春天，艾倫考上華盛頓州立大學，兩年後，金髮男孩考進哈佛大學。兩個人雖然不同校，但經常聯繫討論電腦編程問題。

一九七四年寒假，艾倫在《大眾電子》雜誌看到一篇文章介紹MITS公司所生產的世界第一台微型電腦Altair8800，艾倫便帶著雜誌到哈佛，跟金髮男孩展示這款電腦：「個人電腦生產出來了。」

金髮男孩說：「你別走，我們在波士頓一起幹點正經事。」

艾倫便留下來和金髮男孩合力編寫一套能在8800個人電腦運行的程式，以三千美元賣給MITS公司，雙方簽訂合約：今後MITS每賣出一部電腦付三十美元版稅。

艾倫和金髮男孩兩人再也沒回學校，三個月後成立微軟電腦軟體公司，那位金髮男孩就是比爾·蓋茲，當年比爾·蓋茲二十一歲，保羅·艾倫二十三歲。

一九八〇年八月二十八日，蓋茲與IBM簽訂合同，同意為IBM的PC開發

作業系統。

一九八二年，上市銷售第一年期間，蓋茲向五十家硬體製造商授權使用MicroSoft作業系統。
一九八三年推出Windows作業系統，提供圖形用戶介面。

這時微軟公司已成為世界上巨無霸，總經理比爾‧蓋茲已成為世界首富，副總經理保羅‧艾倫也名列富豪榜前五名，個人資產二一〇億美元。

比爾‧蓋茲說：「與其當一棵綠洲中的小草，還不如當一棵禿丘上的橡樹。小草毫無個性，而橡樹昂首天穹。」

比爾‧蓋茲和保羅‧艾倫兩人都非常優秀，一個人要和優秀的人接觸，這是比爾‧蓋茲和保羅‧艾倫取得成就的重要因素。

奇蹟總會發生

一黑一白兩隻老鼠在盆沿偷喝牛奶，一不小心，兩隻老鼠都掉進牛奶盆裡快被淹死了。

白老鼠猛踩雙腿，使勁拚命往上爬，黑老鼠說：「盆子這麼高，我們再怎麼使勁爬也沒有用。」

白老鼠說：「或許會有奇蹟發生。」
黑老鼠說：「別白費力氣了，來世再見。」
黑老鼠放棄求生，便被淹死了。

但是白老鼠還是使勁地拚命往上爬，奇怪的事發生了！
牛奶因為被使勁翻滾攪拌，變成硬硬的奶酪，白老鼠便輕易地逃出去。

面臨絕境時，可別輕易放棄，
或許奇蹟會真的發生。

不做書蟲

學生問拉比說：「什麼是活的智慧？」

拉比說：「我問你一個問題，用來說明什麼是活的智慧。」

學生說：「你問吧。」

拉比說：「有兩個小孩一起打掃煙囪。打掃完後，兩人從煙囪中出來，
一個男孩滿臉很髒，另一個臉很乾淨，你說誰會去洗臉？」
這個人回答說：「當然是臉髒的小孩去洗臉。」

拉比說：「錯了，臉髒的小孩看到對方臉淨，就覺得自己的臉也是乾淨的；而臉淨的小孩看到臉髒的小孩，會認為自己的臉也是髒的。因此臉淨的小孩會去洗臉。」

學生說：「對啊！老師，請再問我一個問題。」

拉比把剛才的問題又問了一遍：「兩個小孩打掃煙囪，一個男孩滿臉很髒，另一個臉很乾淨，誰會去洗臉？」

學生回答說：「臉乾淨的小孩去洗臉。」

不料拉比又說：「你又錯了！」

學生說：「剛才老師的答案不就是這個嗎？」

拉比又說：「答案是死知識，毫無用處。」

學生問：「老師，我不懂。」

拉比說：「兩個小孩一起打掃煙囱，怎麼可能會一個臉乾淨，另一個臉髒呢？」

學生恍然大悟：「謝謝老師，我知道什麼是活的智慧了。」

一部一百元電子計算機，從四則運算到微積分都能輕易計算。但它只是靜靜地躺在書桌一角，什麼都沒做，因為它不會思考。

蠹魚啃了滿肚子經書，但還是沒有智慧。只會死讀書而不知道活用，只是一匹背著書本的驢子。惟有滾動的智慧，不斷創新，才是真正聰明的人。

老禪師選接班人

老禪師準備退休，要將方丈位置傳給三個弟子的其中一人。

老禪師給三位弟子五兩銀子和一間空屋，說：「今天晚上以前，誰能以最少錢買東西裝滿空屋，誰就是我的接班人。」

三位弟子拿了錢，趕緊下山買便宜體積又大的東西，設法堆滿整間空屋。

當晚，老禪師檢視大弟子的空屋，看到大弟子用五兩銀子買木材，堆滿半間屋子。

老禪師點點頭說：「不錯，不錯。」
接著老禪師到二弟子的空屋，二弟子用五兩銀子買稻草，整間屋子堆滿

了稻草。

老禪師笑道：「很好，很好。」

老禪師到三弟子的空屋，整間黑漆抹烏的屋子空空的什麼都沒有。

老禪師問：「咦？你買了什麼東西裝滿空屋？」

三弟子說：「我花一文錢買了一根蠟燭。」

老禪師問：「你用什麼裝滿整間空屋？」

三弟子說：「我用光明裝滿整間空屋。」

三弟子將蠟燭點燃，燭光立刻充滿整間空屋。老禪師哈哈大笑，於是將

方丈位置傳給三弟子。

老禪師笑道：「三弟子只花一文錢，將光明裝滿整間空屋，他是我的接班人。」

移動的智慧才能換錢

這是雪蓮，這是知識。

天山有雪蓮，這是資訊。

天山雪蓮能醫治痛風性關節炎，這是智慧。

但是光有智慧還是換不了錢。

有能力辨識痛風性關節炎，這是知識。

香港富豪得了痛風性關節炎，願意付一半財富給能替他治病的人，這是

資訊。

天山雪蓮能醫治痛風性關節炎，這是智慧。

但是光有智慧還是換不了錢。

能取得天山雪蓮，治好香港富豪的痛風性關節炎才是移動的智慧，才能換到錢。

知識換不了錢，智慧也換不了錢，只有移動的智慧才能變成錢，什麼是移動的智慧？兩種即時相關的資訊合一，才是移動的智慧。

資訊活用才是移動的智慧

有一天早上肉品公司老闆菲普力‧亞默爾，看到報上一則小報導：「墨西哥被懷疑有瘟疫。」

他立刻派人到墨西哥調查，證實了這個消息。

亞默爾意識到一件事：「瘟疫會快便會蔓延到加州、德州這些北美供應肉類的基地。」

於是他立即集中大量資金收購加州和德州的牛和豬，運到離加州和德州較遠的東部飼養著。

兩三個星期後，瘟疫果然蔓延到加州、德州。美國政府下令嚴禁從加州、德州外運肉品，於是美國境內肉品價格大漲。

只憑一則不起眼的資訊，菲普力·亞默爾便賺進了一億三千萬美元。

在商場上，掌握資訊就是掌握金錢！資訊活用才是移動的智慧。豺狼總是能運用移動的智慧賺錢，而不只是空談知識、資訊、智慧。

可口可樂誕生

可口可樂是美國象徵，商標價值已達四百億美元，而可口可樂的誕生卻出自於一個店員的無心失誤和宿醉客人有意的商業眼光。

一八八六年十一月十五日上午，威爾克斯因為飲酒過量而頭痛，他聽說喝彭氏健身飲料可以解酒，因此到藥店買一瓶彭氏健身飲料。

店員一時疏忽，把彭氏健身飲料攪到蘇打水裡，沒想到威爾克斯喝完頓覺神清氣爽。

威爾克斯有商業頭腦，設法瞭解彭氏健身飲料配方，得知是由含有可卡因、咖啡因的可可葉和可可果提煉而成的，再加上蘇打水，於是第一瓶世界知名品牌可口可樂便誕生了。

心中有賺錢的觀念，有商業頭腦，隨時看到商機，即便是飲酒過量宿醉頭痛的因緣，也能創造世界第一品牌。

成為一匹狼

你看不見你的真相，
你所看見的只是你自己的影子。
──泰戈爾

人生噩夢的開始，
都是因為不知道自己到底要什麼。

如果我們打從人生一開始，便檢視自己口袋裡的籌碼，評估自己的能力條件，找尋自己的人生之道，走自己的路，你便是那隻因為思考而蛻變成豺狼的兔子。

如果我們沒有自己的想法，跟大家一樣隨波逐流，便是那九九九九隻受困於無草可吃的兔子。

逆向思考

一個人是什麼？
全看他相信自己是什麼！

人有兩種：
一種是兔子，
一種是豺狼。
豺狼專門吃兔子，
兔子是豺狼的食物。

偶爾豺狼也會兔前失蹄，成為兔子的食物，但兔子一生永遠是兔子，不

會成為豺狼。

按部就班、規規矩矩，是兔子走的路。

豺狼的行徑呢？神出鬼沒，時而躲在草叢，時而等在兔子行徑的前頭，隨時準備撲殺兔子！

你可以成為吃兔子的狼，也可以成為被狼吃的兔子，端看你怎麼想、怎麼做。

我們可以走一條習慣的道路，隨波逐流遵循著別人的腳步，成為一隻庸庸碌碌的兔子。

我們也可以成為一個成功、致富又快樂的狼，但必須先學會知天、知地、知人、知節、知時、知己，才能成為一匹精確有效率的豺狼。

兔子都由自我出發，一廂情願的努力，想努力完成一點什麼。這是很離譜的行動方式，一個人努力跟別人有什麼關係？

豺狼不是努力，而是依計畫行動達成目標。

量量自己口袋裡的籌碼，完全知道自己，然後問自己能夠做什麼？要什麼？要如何達成？

能真確執行以上的問句，再全力以赴行動，你就是豺狼！能像豺狼一樣有速度、效率、紀律，精確完成目標。
豺狼的微笑，是成功、滿足地微笑。
祝你能成為一匹成功的狼！

蔡志忠作品
豺狼的微笑2

作者：蔡志忠
責任編輯：湯皓全
校對：呂佳真
美術編輯：集一堂
法律顧問：全理法律事務所董安丹律師
出版者：大塊文化出版股份有限公司
台北市105南京東路四段25號11樓
www.locuspublishing.com
讀者服務專線：0800-006689
TEL：(02) 87123898　FAX：(02) 87123897
郵撥帳號：18955675　戶名：大塊文化出版股份有限公司 版權所有

總經銷：大和書報圖書股份有限公司 / 新北市新莊區五工五路2號
TEL：(02) 89902588 (代表號)　　FAX：(02) 22901658
製版：瑞豐實業股份有限公司
初版一刷：2016年8月
定價：新台幣 150元

Printed in Taiwan

豺狼的微笑. 2 / 蔡志忠著. -- 初版.
-- 臺北市：大塊文化, 2016.08
面；　公分. -- (蔡志忠作品)

ISBN 978-986-213-722-2(平裝)

1.人生哲學

191.9　　　　　　105012856